Conserver cette couverture

FRANCE ET ANGLETERRE.

Question d'Orient.

ACTUALITÉ.

Par le Colonel Marnier.

DEUXIÈME ÉDITION.

BOURGES,

Imprimerie de P.-A. MANCERON.

1854.

FRANCE ET ANGLETERRE

QUESTION D'ORIENT.

ACTUALITÉ.

Par le Colonel MARNIER.

BOURGES,
Imprimerie de P. A. MANCERON.

1854.

FRANCE ET ANGLETERRE.

QUESTION D'ORIENT.

ACTUALITÉ.

Il est incontestable que le gouvernement anglais est, de l'Europe, celui qui a toujours été le mieux instruit de ce qui se passait dans tous les pays. La raison en était bien simple ; on rencontrait partout des anglais qui, sous le titre de négocians ou d'artistes, ou de simples promeneurs, connaissant la langue française tout en affectant de ne la point parler ni même de la comprendre, n'en parcouraient pas moins les villes importantes du littoral maritime, exploraient les côtes, s'introduisaient dans les points fortifiés dont ils reconnaissaient l'armement, et obtenaient toutes les informations qui pouvaient devenir utiles à leur gouvernement.

Les Russes, les Prussiens, les Autrichiens, les Suédois et les Danois faisaient de même. Toutes ces puissances (outre des officiers d'un grand mérite, attachés aux ambassades), expédiaient, à titres de simples touristes, des militaires distingués qu'elles chargeaient d'explorer nos établissements militaires, et de constater, chez nous, le progrès des différentes armes. Présentés par leurs ambassadeurs dans nos cercles, ils y nouaient certaines relations à l'aide desquelles ils se procuraient sans peine les renseignements qu'ils pouvaient désirer. A la vérité, le gouvernement accueillait avec la plus grande affabilité ces officiers, auxquels tous les établissements étaient ouverts.

Il serait superflu de désigner les salons où d'illustres étrangers se réunissaient naguères, et où les *a parte* se tenaient en langues russe ou allemande : ils étaient assez connus.

La maîtresse de la maison, grande dame d'un esprit et d'un tact remarquables, en faisait les honneurs avec la plus exquise distinction et une urbanité entraînante.

Si l'absence de quelqu'habitué se faisait remarquer, Madame *** semblait s'en inquiéter elle-même, bien qu'elle en connût parfaitement le motif, car aucun étranger ne quittait Paris sans emporter de chez elle le mot d'ordre.

Il résulte de cette manière d'agir chez ces diverses puissances, que rien ne leur est inconnu chez nous, même ce qu'il serait peut-être d'une bonne politique de ne pas divulguer.

Or ce système d'investigation dont nous venons de rendre compte, la France en fait-elle à son tour usage à l'étranger? Nous ne craignons pas de faire une réponse presque négative.

En remontant à la période de l'Empire, et même plus loin, on ne saurait contester que l'entente qui régnait, avant 1789, entre Louis XVI et les différents souverains de l'Europe, ne démontrait pas la nécessité d'envoyer des émissaires comme nous le signalons; mais, de grands seigneurs voyageant pour leurs plaisirs ne quittaient jamais la cour sans emporter des instructions secrètes; l'histoire, et au besoin les cartons des différents ministères attestent les avantages qui résultaient de ces ambassades occultes. Plusieurs grandes dames s'acquittèrent avec succès de ces missions déguisées.

Dès son avénement à l'Empire, Napoléon sentit la

nécessité de recevoir des données certaines sur l'étranger. L'Empire avait peu d'alliés alors, ce qui augmentait les difficultés. Cependant, sous le point de vue militaire, les rapports lui arrivaient d'autant plus facilement, que presque tous nos ambassadeurs étaient pris parmi nos généraux, et que bon nombre d'officiers distingués les accompagnaient.

Mais ce dont nous pouvons parler et dont nous avons été témoin, avait une très-haute importance.

L'Empereur usa d'un moyen politico-diplomatique en dehors de Fouché, son ministre de la police, qui en était désespéré. Il existait dans Paris des hommes habiles, connus par leurs opinions politiques fort tranchées et souvent opposées. Fouché les avait signalés à l'Empereur ; les notes biographiques sur ceux-ci, mises sous les yeux de Sa Majesté, le fixèrent sur ce qu'il pouvait attendre de chacun d'eux, d'abord quatre ou cinq, puis huit à dix et même jusqu'à douze furent mystérieusement gagnés : ils eurent mission de dresser des rapports mensuels sur des questions indiquées; l'un devait s'occuper de l'Angleterre, d'autres de la Russie, de l'Allemagne, de l'Italie. Cette façon de procéder échappait à la compétence immédiate de la diplomatie aussi bien qu'à celle du ministère de la police; il s'agissait là d'un travail dirigé tout droit vers l'Empereur et dont il ne restait aucune trace administrative

Chaque rapport était payé comptant (1,000 fr. et plus); seulement si l'Empereur y remarquait un caractère de complaisance ou quelques absences de franchise, l'auteur était suspendu ou remercié. La plus légère indiscrétion suffisait pour qu'on se privât de ses services. Fouché ayant fini par connaître cette diplomatie du cabinet particulier de l'Empereur, parvint à surprendre quelques secrets, dont il voulait s'attribuer le mérite; mais il n'osa y revenir; l'Empereur lui recommanda sévèrement de s'en tenir à son devoir et de ne toucher en rien à ce qui relevait du maître.

Les rédacteurs des mémoires dont je parle eurent aussi pour mission d'éclairer l'Empereur sur les diverses opinions de l'intérieur de la France et principalement de Paris. Ils citaient les noms et tout ce qui pouvait intéresser particulièrement Sa Majesté.

Le jour venu, ces mémoires étaient remis à l'Empereur; ils ne devaient pas contenir plus de quatre pages. L'empereur, retiré le soir dans son cabinet, avec des personnes de toute confiance, telles que Savary, Rapp, Duroc, Caulincourt, Fain ou Menneval, parcourait en silence les différents rapports, dictait quelques remarques pour en tirer parti à l'occasion; puis après lecture faite il les jetait au feu tour-à-tour, non sans donner des ordres pour que tel ou tel rédacteur eût désormais soit à continuer, soit à s'abstenir.

Puisque je viens de citer les noms de quelques intimes qui possédaient toute la confiance de l'Empereur, c'est le cas de rappeler que S. M. faisait un cas tout particulier de ceux qui lui parlaient avec franchise. Le général Rapp fut du petit nombre de ceux qui ne craignaient pas de lui dire certaines vérités qui ne fussent jamais arrivées autrement jusqu'à lui. Combien de grands dignitaires de l'Empire, de ministres, de maréchaux, de généraux, etc., ne furent que des flatteurs qui tâchaient de pénétrer dans la pensée de l'Empereur pour émettre une opinion semblable à la sienne !

Ce qui prouve que Napoléon aimait et voulait entendre la vérité, ce sont ces séances mémorables du conseil d'État qu'il présidait toujours et où il ordonnait à chacun de dire librement son opinion ; lui-même ouvrait la discussion, et souvent, après une lutte de plusieurs heures, il s'avouait vaincu...... Grand enseignement !

« Je suis souvent heureux, disait-il, au sein de » mon conseil d'État, que je puis nommer véritable » conseil de famille ; à la vérité, j'ai souvent maille à » partir avec quelques vigoureux mais consciencieux » lutteurs ; mais au moins j'entends des vérités ; au lieu » que, parmi mon entourage, je ne vois que des cour- » bettes jusqu'à terre ; on m'accable de plates flatteries » qui seraient fort dangereuses pour tout autre que

» moi qui ai appris, quelquefois à mes dépens, à juger
» les hommes. »

Eh ! mon Dieu, dans tous les temps les courtisans ont été et seront toujours de grands, de dangereux flatteurs, surtout lorsqu'il s'agit de leur intérêt personnel. C'est une profession comme une autre; elle est d'autant plus agréable, que malheureusement elle attire presque toujours les bonnes grâces de celui qu'on encense. Tous ont lu Gilblas, dont ils craignent de subir le sort, dans le cas où ils oseraient dire des vérités qui pussent déplaire le moins du monde.

Mais pour en finir avec le conseil d'Etat dont les membres, dès son origine, avaient tous été choisis par l'Empereur lui-même, ce corps renfermait en son sein tout ce que la France possédait de plus capable, de plus illustre dans l'armée comme dans les diverses branches administratives. On s'en convaincra facilement si l'on consulte les rapports du temps qui resteront à jamais comme des monuments immortels d'éloquence et de grand savoir.

Mais lorsque l'Empereur quittait Paris pour aller planter ses aigles victorieux dans quelques capitales, le conseil d'Etat, n'ayant plus Napoléon pour lui tracer ses travaux, et donner à cette institution formidable la haute direction des affaires, se trouvait en quelque sorte livré à lui-même; il en résultait une sorte de dégénération; c'est-à-dire que les portes s'ouvrirent quelquefois à la faveur. Le nombre des auditeurs qui, par exemple, fut bientôt doublé, s'accrut encore. Cette superfétation malencontreuse était souvent le résultat de certaines exigences de *camarillas*. Un certain nombre de jeunes gens, dits *fils de famille*, prirent alors place au conseil d'Etat. Mais ceux-ci étant reconnus assez peu capables de se livrer à des travaux sérieux, furent bientôt mis en service extraordinaire; à ce titre ils reçurent des destinations qui *privèrent de leurs lumières* les comités composés d'hommes de haute capacité.

Vers la fin de l'Empire le conseil d'Etat tendait ainsi à devenir une sorte de *refugium peccatorum*. Aussi vit-on (en 1814) parmi ceux qui tenaient à une famille de *rattachés* à l'Empire, quelques-uns retourner avec empressement leurs habits avant même que l'Empereur eût, à Fontainebleau, pressé sur son cœur le brave général Petit, ce vénérable débris de la garde impériale.

Cette belle institution, véritable sauvegarde de tous les intérêts les plus chers au pays, ce palladium du trône et de la patrie, a repris, avec le nouvel Empire, le rang auquel Napoléon l'avait élevé, en le constituant le premier corps, le corps le plus illustre de l'Etat.

Mon intimité avec le général Rapp a pu me mettre

au courant de la nature de travail dont j'ai parlé plus haut et qui, en 1815, reprit un nouvel essor.

Tandis que nous étions à Strasbourg (avant Waterloo), nous vîmes passer et repasser quelques-uns de nos amis, qui avaient été envoyés à l'étranger, entr'autres le comte de Montrond, l'un des familiers du prince Talleyrand, alors à Vienne. Nous possédions aussi autour de nous, sur la rive droite du Rhin, des émissaires autrichiens, des prussiens, et entr'autres un général autrichien qui était mystérieusement établi à Kiel et avec lequel j'eus plusieurs conférences. Si la bataille de Waterloo eût été gagnée, j'avais toutes prêtes des dépêches cachetées que je devais immédiatement porter à l'empereur d'Autriche et à l'impératrice Marie-Louise auxquels elles étaient adressées. Le général autrichien dont je parle m'eût facilité le voyage, car il était muni des pouvoirs spéciaux de son gouvernement.

Il est regrettable, à mon sens, que les ministres qui se sont succédés sous les différents gouvernements, depuis l'Empire, n'aient pas suivi ou plutôt indiqué aux chefs régnants une telle marche à suivre.

C'est ici le cas de citer quelques circonstances peu connues qui se rapportent au retour de l'Empereur en 1814, et qui témoignent des nobles sentiments dont marchaient animés quelques apôtres impériaux.

Pendant sa captivité à l'île d'Elbe, Napoléon, par de fréquents rapports, était instruit de tout ce qui se passait en France. Ces renseignemens émanaient principalement d'un comité napoléonien, composé de personnes dévouées corps et âme à l'Empereur. Quelques femmes énergiques faisaient partie de ce comité; leurs conseils furent plus d'une fois pris en grande considération. Qui ne sait que dans ce sexe le dévouement dans les grandes occasions l'emporte souvent sur celui des hommes!!!

Dans une des réunions qui précédèrent le 20 mars, bien qu'on fût généralement d'accord sur la rentrée de l'Empereur et que tout fût prêt pour accomplir cette grande entreprise, il y eut divergence d'opinion sur l'époque la plus opportune.

Plusieurs étaient d'avis qu'il fallait attendre la dissolution du congrès de Vienne. L'on était sur le point de se ranger à cette opinion prudente, lorsque Madame Hamelin, dont on connaissait l'intimité avec un ami de M. de Talleyrand, prit la parole avec cette verve et cette chaleur qu'on lui connaissait: « Mais ne savez-vous » pas, s'écria-t-elle, que ce congrès a terminé depuis » long-temps ses travaux, et que maintenant cette *bande* » *de gueux* projète le prochain enlèvement de l'Em» pereur...; qu'ils veulent le transporter à Ste-Hélène...; » Le livrer ainsi aux Anglais! Aux Anglais, entendez» vous! »

» Je suis certaine de ce que je vous dis. Il n'y a pas » à balancer. Au nom de Dieu, mes amis, ne perdons pas » un seul instant, et mettons sans aucun retard nos » desseins à exécution. »

Madame la baronne Fauchet, femme de l'un des préfets de prédilection de l'Empereur, démontra la nécessité d'agir immédiatement. Les argumens de cette femme aussi remarquable par son énergie que par son esprit, et son dévouement à la personne de l'Empereur, vinrent à l'appui de son opinion. Depuis le départ de l'Empereur pour l'île d'Elbe, Madame Fauchet n'avait cessé d'entretenir la correspondance la plus active avec une personne de l'intimité de Napoléon; les documens précieux dont elle fit part au comité entraînèrent complètement ceux qui, prudemment, croyaient devoir attendre la dissolution du congrès.

Chacun s'extasiait sur les nombreuses et mystérieuses communications épistolaires de la baronne avec l'île d'Elbe... « Vous avez dû dépenser des sommes énormes, lui dit-on... Non, répondait-elle, le sourire sur les lèvres : mes diamants seuls ont payé mes nombreux émissaires. (1)

Il y eut donc unanimité; et lorsqu'on se sépara, cha-

(1) Il est avéré que l'écrin de Madame Fauchet en fit tous les frais.

cun entra dans le rôle qu'il était appelé à jouer dans ce grand drame.

Le secret avait été tellement gardé, que les différentes polices du temps (au nombre de six), bien que très-soupçonneuses et se surveillant même entr'elles, n'eurent connaissance de ce qui se passait que lorsqu'il fut impossible d'en arrêter l'exécution.

Soit prudence, soit faiblesse, le gouvernement n'osa même pas mettre la main sur les chefs qu'il était parvenu à connaître. Le duc de Bassano, par exemple, fut prévenu par Madame la baronne Fauchet que son arrestation avait été agitée en conseil, et elle l'engagea à ne point passer la nuit chez lui.

La police ayant été avertie de ce fait, se garda de faire des recherches qui eussent été vaines; le lendemain le gouvernement avait à s'occuper de soins autrement importants.

Au nombre des titulaires de porte-feuilles qui ont fonctionné sous la restauration et pendant la dynastie de juillet, il en est trois qui m'honoraient de leur estime, de leur amitié et avec lesquels j'avais mon franc parler, peut-être parce que j'avais été l'ami du général Rapp dont on savait la franchise et le savoir faire : ce sont le duc de Richelieu, le maréchal Victor et le maréchal Soult.

Le duc de Richelieu me demanda un travail sur toutes les questions que je viens d'aborder, et lorsqu'il était disposé à le mettre en usage, la disgrâce vint le frapper. Le maréchal Victor fit honneur à mes avis pour ce qui concernait son ministère, mais son successeur inclina vers une autre marche. Le maréchal Soult voulut établir un large plan ; je dressai un mémoire étendu, qu'il discuta longuement, qu'il approuva et désapprouva tour-à-tour ; puis, lorsque j'eus rempli ses intentions, il s'en alla trouver le roi Louis-Philippe qui sanctionna, mais en se préoccupant de savoir sur quel budget seraient imposés les 3 ou 400,000 fr. que j'avais jugés nécessaires pour les débuts, c'est-à-dire en affectant cette somme, qui paraissait considérable, aux besoins de la première année seulement.

J'avais eu soin de faire connaître les moyens d'y pourvoir par de très-simples réductions sur le personnel de quelques ambassades.

On recula devant la dépense. On préféra rétribuer largement les loisirs d'une foule de beaux-fils, de parents ou amis de MM. les gens de cour, ces frelons superflus de la diplomatie qui, par leur incapacité, leur suffisance et leur légèreté, formaient et formeront toujours de dangereux entourages pour les ambassadeurs souvent forcés de s'en débarrasser en leur donnant des congés obligés, ou bien quelques missions d'une *très-haute importance*, avec prière au ministre de ne pas les leur renvoyer.

Pour ce qui regardait les rapports purement militaires, lorsque j'étais chargé, au ministère de la guerre, de la statistique des armées étrangères, je n'eus réellement qu'à enregistrer les données venues de nos légations, qui toutes étaient parfaitement identiques avec les documents des almanachs des cours étrangères, quant aux renseignements secrets, sans être toutefois dépourvus d'une certaine importance. Les rois Louis XVIII, Charles X et Louis Philippe s'entretenaient chaque jour une fois ou deux avec le préfet de police. Dans les conférences se mêlaient souvent les récits de quelques mystérieuses aventures qui égayaient fort LL. MM.

Parmi ceux qui tentèrent souvent sans succès d'éclairer Sa Majesté, je puis citer l'honorable président de Belleyme dont les services comme préfet de police égalent à mes yeux ceux de l'un des ministres de la branche aînée, l'intègre Hyde de Neuville. Ces deux noms sont et resteront toujours honorés : l'un dans la haute magistrature, et le second dans notre marine, où son nom est prononcé avec vénération.

« Chaque fois, me disait un jour ce dernier, que » je dépose mon portefeuille chez le Roi, c'est tou- » jours avec la ferme volonté de le laisser entre les

» mains de S. M. dans le cas où quelque substitution » de nom aurait eu lieu dans mon travail. » Le corps de la marine le savait, aussi quel beau souvenir a laissé dans la marine M. Hyde de Neuville !

Pendant les quatre années que je fus chef d'état-major général de la 1re division, sous le brave général Pajol, j'avais, pour affaires de service, de fréquents rapports avec M. Delessert, préfet de police. C'était un administrateur d'un grand mérite, dont les conseils ne plaisaient pas toujours, parce qu'ils tendaient à détruire la sécurité dans laquelle l'entourage *camarillatiste* se plaisait à entretenir Sa Majesté. En février 1848, comme on faisait peu de cas de ses conseils, il avait offert sa démission. La difficulté, pour ne pas dire l'impossibilité de remplacer un magistrat qui avait donné tant de preuves de dévouement au gouvernement que Lafayette avait surnommé la meilleure des républiques, détermina Louis-Philippe à descendre jusqu'à la prière... et l'honorable Delessert se dévoua.

Et puis-je nommer M. Delessert sans citer honorablement son collègue, l'habile administrateur, l'édile par excellence, M. le comte de Rambuteau, à qui Paris doit tant de mesures utiles et tant d'institutions secourables; à qui Paris doit la plantation de ses quais, les ports nouveaux qui les décorent, son magnifique Hôtel-de-Ville, et tous les travaux d'embellissements que permettaient alors les fonds, dont pouvait alors disposer la ville ?

Pour le dehors, c'étaient des messages confidentiels qui instruisaient le roi. Sa Majesté avait cependant quelques affidés qui allaient tantôt à Pétersbourg, à Vienne, à Frosdoff, comme aussi en Afrique, et qui revenaient avec un portefeuille garni d'observations, il faut le dire, assez souvent insignifiantes.

Je ne me permettrai pas de blâmer le système employé par le gouvernement actuel, je l'ignore; mais je suis convaincu que si la combinaison du premier Empire a été reprise, nous devons connaître l'armée russe par exemple dans sa force, dans son matériel et dans son personnel, comme si l'œil d'un stratégiste exercé l'avait inspectée.

Quant à la marine, dont l'important ministère est entre les mains de M. Théodore Ducos, qui joint à la plus haute capacité un coup d'œil sûr etrapide, et surtout une énergique puissance d'exécution, nous savons qu'elle possède par devers elle les renseignements les plus positifs sur le nombre exact des vaisseaux ennemis, le plan de chacun de ses ports, celui de chaque relâche, les sondes, etc., tout a été recueilli avec le plus grand soin long-temps avant qu'il fût question du conflit actuel.

Aussi chacun a vu avec quelle promptitude nos vaisseaux ont embarqué les premiers 20,000 hommes destinés pour Constantinople, où ils arrivent en ce moment. C'est bien le cas de dire : honneur au ministre qui n'oublie pas cet adage :

Si vis pacem para bellum.

Ainsi, la mer Baltique, explorée avec la plus grande intelligence par un nombre considérable de caboteurs, nous est parfaitement connue. Les pilotes interrogés sur les lieux ont completé les renseignements indispensables.

La mer Noire, qui était moins facile à sillonner, n'est déjà plus un mystère pour nous ; car nous y avons fait des études analogues à celles de la Grande-Bretagne, cette reine des mers.

Nous nous plaisons à reproduire ici la lettre autographe de l'Empereur publiée dans le *Moniteur*, par laquelle S. M. témoigne à M. Ducos la haute satisfaction pour les brillants résultats obtenus par ce ministre. (1)

(1) Palais des Tuileries, 9 janvier 1854.

Monsieur le Ministre, le rapport que, sur mon ordre, vous m'avez adressé, me montre d'une manière si heureuse les ressources considérables de notre marine, que je me hâte de vous en témoigner toute ma satisfaction, et pour en donner une

La puissance russe est plus apparente que réelle ; elle manque par la base : la population. Par son étendue de Kalisch à l'ouest, en Pologne, jusqu'à l'extrémité du Kamtschatka, et de la Laponie aux frontières de la Perse, l'empire du czar représente en dimension le huitième de la terre habitable ! Mais les populations sont comme perdues dans cette immense espace, et si le gouvernement de Moscou, par exemple, compte 2,825 habitants par mille carré, et celui de Kalouga 2,999, le gouvernement d'Arkangel n'en a que 16, et l'on n'en compte pas plus de 5 5/6 par mille carré dans la Sibérie qui occupe tout le nord de l'Asie.

Population c'est richesse, et sous ce rapport la Russie est, proportionnellement à son vaste territoire, plus pauvre que bien des petits états de l'Europe. Elle aurait tort de compter trop sur d'autres avantages. Si les solitudes qui la séparent de ses voisins les plus proches, si les retraites assurées que lui ménage l'hiver dans ses climats, si surtout deux tentatives célèbres laissent peu d'espoir de la suivre au cœur de ses états à travers de

preuve non équivoque, je vous nomme grand officier de la Légion-d'Honneur. Je ne saurais assez vous remercier d'avoir, avec un budget réduit, préparé des ressources, qui me permettraient, d'un jour à l'autre, de doubler, de tripler nos escadres.

Sur ce je prie Dieu qu'il vous ait en sa sainte et digne garde.

NAPOLÉON

ses provinces, la Baltique et ses flots la rendent accessible aux portes même de sa capitale. Que manqua-t-il à Gustave III en 1790 pour s'emparer de Saint-Pétersbourg? Des escadres plus fortes, et avec des troupes, non pas certes plus braves, mais commandées par des généraux plus actifs.

Comme au temps de Gustave Adolphe, comme au temps de Charles XII, la Suède a eu pour souverain, de nos jours, un des capitaines les plus renommés en Europe. En dépit des intérêts politiques il tournait souvent ses regards vers son ancienne patrie, et le roi de Suède conservait un cœur et des sentiments tout français (1). Ces inclinations guerrières, ces penchans pour la France revivent généreux dans son fils, et le jeune monarque peut, d'un moment à l'autre, associer à la cause de la paix en Europe, les ressentiments, les revendications fondées de la Suède à l'égard d'un voisin trop entreprenant.

(1) On a prétendu que Bernadotte, devenu roi de Suède, conservait très-précieusement son uniforme de sergent dans une armoire vitrée; on a dit vrai, quelqu'un de nos amis l'a vu. Toutes les fois que ce soldat couronné contemplait ce vieil insigne de ses premières luttes, il ouvrait, pour ainsi dire, le livre de ses brillants débuts, de ses premières gloires; sa poitrine bondissait et son œil était près de se mouiller. (*Réflexions sur l'uniforme unique imposé aux officiers généraux et de toutes armes en retraite.* Col. J. M. 1853.)

Ce ne sont ni les flottes puissantes, ni les chefs résolus qui manqueront dans la mer Noire et la Baltique, à la cause de la France et de l'Angleterre. En vain la Russie mettrait-elle sa confiance dans ses vaisseaux, on les combattra s'ils se montrent en mer, on les brûlera dans les ports s'il s'y renferment. En vain la Russie se croit-elle forte des intrigues qu'elle a depuis si longtemps ourdies dans la Grèce; en vain se croirait-elle forte de sa communauté de croyance avec les Hellènes et de leur aveugle ressentiment contre les Turcs. Ingrats envers la France et l'Angleterre qui leur ont donné l'indépendance, les Grecs reconnaîtront bientôt que la Russie les conduirait par une anarchie désastreuse sous le prétendu protectorat d'un despotisme absolu.

N'oublions pas que l'empereur Nicolas a promis à son armée, à son peuple, la conquête de Constantinople, comme il l'avait annoncée en 1828, avant le traité d'Andrinople; cette fois encore, il pourrait chercher un prétexte pour ajourner les plans de son ambition; mais y renoncer...., jamais!

Abandonné par l'Autriche et la Prusse, sur la coopération armée desquelles il comptait, il ne désespère peut-être pas encore de trouver un expédient pour rompre l'entente cordiale qui existe entre l'Angleterre et la France; il envisage, il reconnaît les périls de sa marine, menacée d'une destruction complète. Défions-nous de lui, de tous ses projets, des offres qu'il pourrait faire avec les fallacieux dehors de la *sincérité moscovite.*

Je le répète, il a attaqué notre allié; il s'est emparé d'un partie de son territoire; il a traîtreusement incendié ses vaisseaux..... Il faut punir sa déloyauté, raser Sébastopol et Cronstadt; repousser ses réserves au-delà de la Crimée, porter le fer et le feu jusqu'à Pétersbourg.

Nous sommes dans le grand courant.... ; attendre n'est plus possible; il faut donc marcher, et surtout marcher vite!

Le colonel **J. MARNIER.**

www.ingramcontent.com/pod-product-compliance
Ingram Content Group UK Ltd.
Pitfield, Milton Keynes, MK11 3LW, UK
UKHW032031260826
14628UKWH00006B/2867

9 782014 46163